Niemals einer Meinung
Ein Poesie- & Textalbum von Lilly Hanke

*Für meine große Liebe Chris
und unseren gemeinsamen Sohn.*

*Für meine Familie,
insbesondere meine Eltern.*

Bibliografische Information der Nationalbibliothek:
Die Deutsche Nationalbibliothek verzeichnet diese
Publikation in der Deutschen Nationalbibliografie;
detaillierte bibliografische sind im Internet über
http://dnb.dnb.de abrufbar.

Herstellung und Verlag:
BoD – Books on Demand, Norderstedt

ISBN:978-3-7504-9391-9

Liebe Menschen,
liebe alle,
die sich für meine Werke interessieren,

wenn Ihr meine Zeilen lest, dann wird vielleicht
nicht von jeden direkt der Sinn dahinter entdeckt.
Ich bin sehr vielfältig, so sind es meine Gedichte
und Texte auch. Sie erzählen meine Geschichten, oder
Geschichten von Menschen, die ich liebe oder einfach
nur irgendwelche Geschichten.
Manche Sachen kann man, wie ich denke, im einzelnen
analysieren wollen und man stößt vielleicht trotzdem
nicht darauf, was gemeint ist. Bei anderen Texten
hingegen erschließt sich der Sinn recht schnell, oder
er ist einfach nicht hinter einer Fassade von
täuschenden Wörtern versteckt.
Ich arbeite mit Ironie, mit philosophischen Ansätzen,
setze mich zum Teil kritisch mit dem System
auseinander und erzähle von Liebe.
Ich bin politisch klar positioniert und stehe zu mir,
meiner Meinung und zu diesen Texten.
Ich bin aber für Kritik in jedem Fall offen, denn
auch aus Fehlern kann man lernen und das möchte ich
mir nicht verbitten.

Nun hoffe ich, dass Ihr beim Lesen eure Inspiration
findet und auch über das eine oder andere lachen oder
kritisch nachdenken könnt.

P.S.: Ich stehe auch schon mit einem meiner Gedichte
in der „Frankfurter Bibliothek" im Band von 2018. Das
Gedicht heißt „Im Spiegel" und Ihr findet es auf
Seite 29.

Inhaltsverzeichnis

Widmung

Vorwort

Inhaltsverzeichnis

1.trübselige Retrospektive
-Trauer & Erinnerungen

2.Innig sein, Innigkeit
-Liebe

3.lästerlicher Veriss
-Gesellschaftskritik

4.Zweige der freien Denkungsart
-Philosophie

1. trübselige Retrospektive
-Trauer & Erinnerungen

Tod

aufgekratzt
versteckt
verheilt

Was bleibt noch?
Die Risse im Glas
die Löcher im Asphalt

Was soll`s?
Glatt wie die Haut
von heißer Milch
so unbekümmert
segel ich dahin

Verlieren wir uns
trennen sich
die Gedanken

Spät
spät genug
Zeit zum Sterben
Du warst
zu lange wach

Leg dich wieder hin
schließ deine Augen
und genieße die Fahrt
Den Trip ins Jenseits

Dreh dich nicht um
Licht fließt schneller
als dein Blut
Es verbrennt dir die Augen
nimmt dir deine Seele
und verschwindet

Nun schwebst du
in den unendlichen Weiten
des Universums

Gib nicht auf
Der Tag wird kommen
an dem auch du
wieder in Ruhe schlafen kannst

Durchatmen
und lass die Augen zu
denn es ist noch nicht vorbei

Spiel des Lebens

Ich heule
wie ein Bach
Doch
ist es nicht
so schön

Tut es weh?
Der Schmerz
frisst mich
innerlich auf

Ich raste aus
Geb` mir den Lauf
Mit 5 Kugeln
Peng!

Doch
ich lebe noch
Spielen wir
russisches Roulette

Und wer am Ende noch steht
kann sicher sein
dass er geht
nach Hause
denn er hat
den Tod
nicht verdient

Selbst ist der Mord

Verfolgt von diesen Stimmen, die danach schreien mich umzubringen, irre ich durch die Gegend. Meine Augen rot, meine Hände kalt. Schon zu lange draußen, auf der Suche nach einer Antwort.
Die Musik so laut, dass mich dieses Trunkenheitsgefühl hin und wieder versucht, vor ein herannahendes Auto zu schleppen.
Ich entkomme dem nicht, was mich erwartet. Schon in Gedanken daran loszulassen spüre ich einen warmen Atemzug in meinem Nacken, der Gänsehaut aufkommen lässt und das Gefühl von Liebe und Geborgenheit verbreitet.
Ich bleibe stehen. Drehe mich nicht um, aus Angst, dass die falsche Person hinter mir steht. Nicht, weil sie mich nicht erkannt hat, sondern weil ich ein Gefühl des Hasses in mir trage, welches aus dem Versteck kriecht, wenn ich diesem Menschen nur in seine großen Augen schaue.
Eine Hand streicht langsam über meine Schulter, um sie dann zu packen und mich umzudrehen. Jetzt gleiten beide Hände, über meine Jacke, meinen Körper runter. Stoppen an meiner Hüfte und ziehen mich fest an sich. Ich halte meine Augen geschlossen, als ich merke, wie seine Lippen meine berühren. Ja, sicher. Ich habe sie nicht gesehen, aber alleine der Griff dieser Person lässt mir verraten, dass sie stärker ist als ich.
Während er seine Lippen immer noch fest an meine gepresst hat, öffne ich langsam meine Augen. Seine Haare, die Nase und die Form seines Gesichtes, die ich spüre, als ich mit meinen Fingern seinen Kopf abfahre. Angst wird zu Sicherheit.
Als ich ihm durch die Haare streiche beendet er sanft den Kuss und zieht behutsam seinen Kopf zurück in seine Ausgangsposition. Meine Augen immer noch geöffnet schaut er mich an, als könnte er in mir mehr als ein verzweifeltes Mädchen sehen, welches dem Selbstmord mehr als nahe steht. Doch genau wegen ihm könnte ich keinen dieser nach Aufmerksamkeit schreienden Gedanken durchziehen.
Er zieht mir den linken Kopfhörer aus dem Ohr. Nein, umbringen will ich mich auch nicht. Bloß Schmerzen spüren. Eine Vorstellung von dem körperlichen Ausmaß einer solchen Aktion bekommen.
Mein Kopf... zerstört!
Mein Leben, eine Katastrophe.
Auch mit ihm wird es nicht wirklich besser. Bloß einen Menschen mehr, dem man erklären muss, dass man sich ohne Tabletten nicht gesund genug fühlt, um wenigstens morgens aus dem Bett zu steigen.

13

Unsere Blicke lösen sich und ich starre nach oben. Dort, wo der Zug ankommt und Menschen vorsichtig aussteigen, um nicht auf dem glatten, nassen Asphalt auszurutschen. Ich drehe mich weg von ihm und es entsteht Distanz zwischen uns. Er ahnt, was in meinem Kopf vorgeht. Kennt mich mittlerweile gut genug, um festzustellen, dass mein Gesicht nicht wegen dem andauernden Nieselregen nass war.

Sein Blick fällt auf meine Hände, die jetzt in der Lücke zwischen ihm und mir Platz haben. Ich habe keine Fingernägel, die ich mir so tief in die Handflächen rammen könnte, dass es weh tut. Mein Schlüssel erledigt dies für sie.

Den Schlüssel in der rechten Hand zieht es sie zu meinem Hals hin.

Er zögert nicht. Greift sie und reißt ihn mir aus der Hand. Steckt ihn ein. Nimmt meinen linken Arm und dreht mich so, dass wir zusammen weiterlaufen können.

In Richtung Friedhof gehen wir nun. Er nimmt meine Hand. Ich ziehe ihn von der einen Straßenseite auf die andere. Vor dem Friedhofstor lasse ich seine Hand fallen, nehme mein Handy aus der Jackentasche, ziehe den Stöpsel aus dem rechten Ohr, mache die Musik aus und ziehe die Kopfhörer aus dem Anschluss. Lege sie fein säuberlich zusammen. Getrennt voneinander gleiten Kopfhörer und Handy zurück in die Tasche.

Wir haben noch keinen Satz miteinander gesprochen. Ich spüre aber, dass ihm Worte auf der Seele brennen, die er sich nicht traut auszusprechen.Ich nehme seine beiden Hände und drehe mich zu ihm um. Sein Blick lässt verraten, dass er unsicher ist. Nun fängt er doch an etwas zu flüstern: „Ich... ich möchte gerne mitkommen."

Mein Blick senkt sich. Tränen schießen mir erneut in die Augen, nachdem ich vor wenigen Minuten damit aufgehört hatte. Ihn ihm endlich vorstellen zu können wäre so toll.

reverse oder auch return home

Ich trage einen Rock, darunter eine Leggins und ein
rot-schwarz kariertes Hemd. So kennt man mich und
anders.
Ich sitze draußen auf den kühlen Steinen. Aus Angst
mir eine Blasenentzündung zuzuziehen, versuche ich
den Rock so weit unter meinen Po zu schieben, dass er
mich dort warmhält. Es spannt am Bauch. Luft anhalten
bis ich aufstehen muss? Nein! Dann doch lieber
erfrieren. Ich warte.
Der leichte, kühle Winterwind streicht durch meine
Haare und zieht ins Gesicht. Er lässt den Winter
nicht so grau wirken, wobei ich sagen muss, dass
dieser Winter gar nicht so grau ist.
   Bei meinem letzten Besuch auf dem städtischen
Friedhof wimmelte es nur so von künstlichen Blumen
und Blumengestecken, die die grüne Wiese mit ihrer
Farbenpracht überdecken. Ein Ort der Ruhe, welcher
direkt an der Hauptstraße liegt. Ein Ort des
Friedens, dem man in unserer Gesellschaft nicht
nachkommen kann. So viele Seelen, die immer noch
kämpfen, liegen 250 Meter von hier begraben.
Aber nein... Deswegen war ich nicht dort. Erfreuen
werde ich mich erst an den Blumen, sobald ich sie
bekomme. Ich saugte alles auf, was tot ist. Die
Gedanken waren stark und hatten mich in der Hand.
Wenn sie loslassen würden, würde ich fallen, fliegen
oder bluten.
   Ich warte immer noch. Es ist schon zwanzig nach
sieben und bis jetzt ist noch keiner von ihnen
gekommen. Ungewöhnlich, aber mich stört es nur, weil
ich eins zwei gerne in den Armen halten würde. Vier
Wochen ist es her, dass ich hier auf sie gewartet
habe. Das Warten habe ich vermisst. Warum? Weil ich
Zeit habe.
   Ich gehe gerne in die Schule, auch wenn es nicht so
scheint. Sie verleiht mir die nötige Struktur, meinen
Tag irgendwie halbwegs gut zu überstehen. Mich
zwingen durchaus etwas zu leisten, zu funktionieren,
ist wohl das Äußerste im Hinblick auf meine Umstände: Mir
geht es miserabel!
Für mich, meine Verhältnisse ist das wohl etwas zu
romantisch ausgedrückt und ich würde es doch anders
formulieren, wenn ich nur Worte für diese Gefühle, in
einer fast leeren Menschenhülle, finden könnte. Zu
erklären wie man sich fühlt, ohne genau zu wissen wie
man sich fühlt, ist bloß ein weiterer hilfloser
Versuch, die Aufmerksamkeit derjenigen auf sich zu
ziehen, die wirklich helfen könnten.
   Man sieht den Menschen meist doch gar nicht an, was

sie sich nicht trauen zu sagen. Ihre Geheimnisse tief
vergraben in einem Schädel, fast gebrochen, durch die
vielen schrecklichen Ereignisse. Erfahrungsgemäß ist
das aber zweitrangig bei einem ersten Kennenlernen.
Menschen wollen das Schöne sehen und verstecken
gekonnt ihre Heimlichkeiten. Weder bei einem zweiten
oder dritten Treffen werden normalerweise ihre
dunkelsten Machenschaften offenbart. Jedoch bei mir
würde man sofort erkennen, dass nicht alles in
Ordnung ist. Grundsätzlich ist das prinzipiell
irrelevant, aber unsere Rasse macht es uns so gut wie
unmöglich, nicht danach zu fragen. Wissbegierde, aber
doch eigentlich nur das Verlangen, alles über jeden
zu eröffnen. Trotzdem wäre es für mich wahrscheinlich
höchst fatal, bei einer ersten Begegnung mit einem
neuen, vielleicht zukünftigen, Partner, meine Narben
offen zu zeigen. Wir wollen zwar alles wissen, aber
ob wir auch jenes verkraften können, ist von uns
alleine abhängig. Es besteht also jedes Mal auf`s
Neue die Gefahr, dass sich deswegen anfängliche
Verbindungen in gebrochene verwandeln. Doch oft sind
sie diejenigen, die auch geglaubt haben, `normal` zu
sein. Geglaubt, warum? Sie denken doch, wenn es ihnen
gut, geht haben sie es leichter. Halten sich für den
typisch normalen Menschen, sozusagen der
Durchschnitt. Nichts besonderes, aber das wollen sie
nicht hören. Normal sind sie dennoch nicht. Hier zu
Lande ist es die Norm, chronisch erkrankt zu sein.
Depression ist die `Volkskrankheit` schlechthin. Das
heißt also im Klartext: Wir sind normal, Standard,
der Durchschnitt. Anders kann man es sicher nicht
erklären. Das Fragezeichen in eurem Kopf ist ein
eingebranntes Ausrufezeichen an meinem Handgelenk.
Und ihr versteht mich nicht. Natürlich. Ihr seid auch
nicht genormt.
   Jetzt muss ich nicht mehr warten. Dieser innere
Dialog hat genug Zeit verstrichen, dass sie sich
nähern konnten. In fünf Minuten klingelt es zum
reingehen. Sie hält mich in den Armen und will mich
am liebsten nicht mehr loslassen. Mir geht es
ähnlich, nur ist die Nähe derer, die man am meisten
schätzt , nicht immer das Nonplusultra.

16

phantastische Kindheit

Wir gingen raus
Spielten im Baumhaus
Waren auf Schatzsuche
und übten uns in Erpressungsversuchen

Haben kranke Vögel umsorgt
Uns um Bienen gekümmert
Waren oft zu sehr besorgt
und bekümmert

Waren heimlich Kirschen pflücken
so voller Entzücken
Haben wir Schmetterlinge gekeschert
und uns Wasser
wie Wodka reingebechert

Kaugummizigaretten waren voll im Trend
Und gefreut hat man sich immer
auf den Feierabend
Mama meinte ich sei ein Spinner

Nur gelaufen auf den Steinplatten
weil man sich sonst
die Füße verbrennt
Und hat man Scheiße gebaut
verschwand man schnell
durch die losen Zaunlatten

So war das Leben toll
Unglaublich schön, geheimnisvoll
Man konnte nicht alles wissen
Meine Träume wurden nicht
in Fetzen gerissen
Und die Kulissen hielten

Doch Phantasie
rettet heute meine Tage
Holt mich
aus der ausweglosen Lage
und erinnert mich
an meine wunderbaren Kindheitstage.

herrliches Leben

Ich fühl mich ausgebrannt
bin weggerannt
vor dem
was mich erwartet

Hab lang geweint
bin mein eigener Feind
wegen dem
was ich tat

Ich fühl mich frei-
Einwandfrei
wegen dem
was ich machte

Ich hasse dich
du liebst mich
für das
was ich bin

Ich hab gelogen
dich betrogen
doch nur
um dich zu schützen

Du hast geglaubt
bis die Lüge verstaubt
und verlor
was sie war

Gedicht vom Sterben

Ich schwimme in Meeren
laufe durch die Wälder
renne über Felder
und fliege über die Städte.

Alles dreht sich.
Die Welt so nichtig
nichtig klein.
Nichts mehr wichtig.

Ich kann alles vergessen.
Muss mich an nichts mehr messen.
Von der Gesellschaft ausgeschlossen.
Meine Seele in den Himmel geflossen.
Bin ich tot.

Kein weißes Licht
nur diese Schönheit
die nicht abbricht.

Augenblicke

Der heiße Asphalt,
der heiße Teer
verbrennt meine nackten
Fußsohlen.

Die Sonne
sticht mir ins Gesicht.
Heiß
wie ein Feuer
und brutal
wie eine Schlägerei.

Diese Luft drückt.
Und sie drückt mich
zu Boden.

Ich falle und liege bereits
auf der leeren,
asphaltglatten Straße.

Kann nicht mehr
aufstehen.
FALSCH!
Ich will nicht mehr
von diesem heißen,
klebrigen Teerboden
aufstehen.

Dieser Schmerz,
der harten Steinchen,
die sich in meinen Rücken bohren.
Einfach schön,
auch mal wieder
etwas fühlen.

Es tut gut.
Der blaue Himmel,
dass Zwitschern der Vögel.
Und bei jedem Luftzug
merkt man doch noch
einen Hauch
von Leben.

Unbeschreiblich -
dieses Gefühl
das Leben ausnahmsweise
auch mal
genießen zu können.

Abschied

Du singst
ich werde sterben
Keine Luft da
die mich
am Leben halten wird

Und du schminkst
dir ein Lächeln
ins Gesicht
ringst
mit den Tränen

Du winkst
ein letztes Mal
Der schönste Abgang
den ich je gesehen

Und du gingst
in die weite Welt
die nur Platz
für dich hatte

2. Innig sein, Innigkeit -Liebe

Take me

Ich will nicht ständig
im Blut ertrinken,
nicht noch tiefer
in dieses Loch sinken.

Darf nicht immer
zurückgehen.
Aber mich ruhig mal
zurücklehnen.

Muss es schaffen.
Nimm meine Hand.
Von dir lass ich mir helfen.
Du bist der,
der mich fand.

Bau mich auf.
Ich bitte drum.
Bring mich rauf
auf den Höhepunkt
meines Lebens.

Ich lass dich nicht mehr
nicht mehr los.
Mit dir bin ich groß.
Darf aber auch mal
klein sein,
denn du führst mich
sicher an der Lein.

Ich muss
aufstehen.
Und das
das schaffe ich nur
mit dir.

Pusteblume

Lass mich fallen,
lass mich fliegen.
Mich für Sekunden
im Winde wiegen.

Gib mir die Hand,
dann gleiten wir zu Land.
Machen unser eigenes daraus.
Bauen uns ein Haus.

Wir werden Kinder kriegen,
unsere Familie lieben.
Zusammen in den Urlaub fahren,
im Meer baden, ungewöhnlich speisen.

Und wenn wir mal ´ne Pause brauchen,
wirst du erst mal aufrauchen.
Dann machen wir ´nen Plan
und starten in das Vergnügen
mit vollem Elan.

Party

Licht
ich habe versucht
eine Atmosphäre zu schaffen

Musik
die Stille zerfliegt
in tausend Teile

Zimmerpflanzen
sie geben die Kraft
durchzuatmen

Chips
geben dem ganzen
das Feeling

Alkohol
lass uns fühlen
was wir uns nicht trauen zu fühlen

Make Up
wir fälschen
um falsches zu tun

Absturz
ist das womit
wir die Nacht beenden

Ohne dich

Er schreibt nicht
Das bisschen Freude
verfliegt
Bin doch vollkommen dicht
Mit Gefühlen
zugepackt

Kann sie nicht beschreiben
Es ist genug
Schmerz, oh Schmerz
Kann ihn nicht vertreiben
voll Leid gehe ich
dahin

Es ist still
Mein Atem
löst es auf
Und es wird schrill
Mein Kopf
hält es nicht aus

Gerade zu klein
um den Himmel
zu berühren
Bin mir zu fein
in der Hölle
zu schmoren

Im Spiegel

Ich schau mich an
von oben und unten
Es zieht mich in den Bann

Ich selbst weiß es zu schätzen
wie meine Haare liegen
Ich geb mich zum Besten
und lass sie fliegen

Ich seh dich an
Du so schön
wie ein weißer Schwan
Dein Spiegelbild so wild
und es quillt aus dem Rahmen

So bist du frei
Nicht mehr schwer wie Blei
Vogelleicht
Und der Himmel streicht
dein neues Ich

Emanzipiertes Blondienchen

Es war einmal mein junger Kerl. Der war schon eine ganz besondere Perl´. Blaue Augen, blondes Haar. Einfach so wunderbar… Steht er da, mit der Wäsche im Arm. Ganz schön warm. Fenster auf, die Sonne scheint drauf. Na toll. Liebevoll putzt er wiedermal die Fensterscheiben. Wohnt in einer Wohnung ganz allein. Auch nicht zu klein, in einer annehmbaren Verfassung. Und erneut ist der Kühlschrank leer. Und der Einkauf ist wieder mal so schwer. Drei Etagen hoch und kein Kerl da. Das emanzipierte Blondienchen, so unscheinbar, schafft es alleine. Ist doch klar. Den Schlüssel zücken, Mensch geht das auf den Rücken. Er tritt durch die Tür und mit der reinsten Willkür wird sich auf´s Sofa gelegt. Später wird sich noch richtig gepflegt. Ein Schaumbad im Kerzenlicht. Die Stimmung so schön dämmrig. Raus aus der Wanne und bloß keine Bange, nach dem putzen kann auch gegessen werden. Aber noch schnell den Bart zurechtstutzen. Denn die richtige Pflege muss sein, auch wenn man allein auf dem Sofa liegt.
Ach du Schreck! Die Wäsche… Hell und dunkel, rot und weiß. Hat er ja total vergessen. Aber er weiß Bescheid. Aufstehen, um das Problem zu richten. Und dann endlich zurücklehnen. Morgen wieder früh aufstehen.
Als ich hörte, wie emanzipiert du doch bist, hab ich gemerkt, dass der Anarchist in mir seine Grenzen kennt und hat sich gedacht: DICH LIEBE ICH!

3. lästerlicher Veriss
-Gesellschaftskritik

Stumm empört

lang gewartet -
nichts erreicht
ausgeartet -
Ziel verbleicht
Und auf Antwort -
gehofft

Kinder schreien -
lang gehört
Feuer speien -
sehr empört
von diesen Zuständen

lang geschwiegen -
nichts gesagt
nur so liegen -
nie gefragt
warum -
es so ist

sie frei -
lang nachgeschaut
wir drei -
nach fünf
drauf gebaut
gelangweilt davon

sozialer Selbstmord

Wie ein rundes Quadrat
weist du mir den Pfad
und führst mich in die Irre
ahh -
du machst mich so kirre
Mit diesen Lügen
die sie dir dienen
zu deinem Vergnügen

Dein schlechtes Gewissen
versteckt hinter den besten Kulissen
Du hältst kein Wort
denn das wäre dein Selbstmord

Meine Seele serviert auf deinem
Tablett
Trägst du mein Sterbebett

Nun muss ich fort von dieser Welt
doch noch eines klar gestellt
Deine Lügen töteten…
MICH!
DICH!
UNS!

Politik vergesellschaften

Existenziell – tendenziell
Und sofort
mit deiner Eigenart
tiefsinnig
vernarrt

Laut zu denken
spekulativ
die Welt
zu lenken

Geistige Überlegenheit
wird uns reichlich
Freiheit
schenken

Euer Bewusstsein
ist unser Keim
Mit
intellektuellem Elan
treiben wir euch
in den Wahn

Klare tiefsinnige Gedanken-
Denkprozess
Ihr werdet erkranken
und
an spekulativen Reaktionen
hauchzart
draufgehen

phototastische Erinnerungen

"Es ist der Künstler, der die Wahrheit zeigt, und es ist die Photographie die lügt; denn in Wirklichkeit steht die Zeit nicht still." ~Auguste Rodin, 1912

Wir laufen jeden Tag an so vielen Menschen vorbei, Menschen mit Gesichtern.
Jedes Gesicht ist so einzigartig, wie sein "Besitzer". All diese Ausdrücke, man zeigt, was man gar nicht fühlt.
Wir können diesen Moment auf einem Polaroid einfangen, aber hey Momente sind nur da um zu einer Erinnerung zu werden, zu verstauben und zu verblassen.
Du wirst dir dieses Photo anschauen, vielleicht erst, wenn du es deinen Kindern zeigst, wenn es bereits vergilbt ist.
Damals fandest du diese Ablichtung schön, es hatte einen unschätzbaren Wert für dich, es war eine wunderbare Erinnerung.
Du siehst dir das Photo jetzt an und erkennst erst an diesem Tag, vielleicht 20 Jahre nach der Aufnahme, dass alles darauf eine Lüge ist. Menschen lügen!
Ein unfaires Leben angetrieben durch Photoshop, denn selbst da sehen die dunkelsten Bilder wieder unglaublich hell aus. Eine Träne wird zu Regen und selbst das traurigste Kind bekommt ein Lächeln aufgesetzt. Entsetzlich diese Heuchelei, mit der Staat und Kapitalismus uns ein schönes Leben vorspielen. Nur leider sind Obdachlose keine Schauspieler und irgendwann, wenn du zurückblickst, wirst du das auch erkennen. Deine Kinder werden sehen wie du weinst, machen ein Photo von dir mit Tränen im Gesicht. Sie wollten nur ein ehrliches Bild.

mittelalterliche Verhältnisse

Gefangenschaft
unter jemandem,
der unser Geld verpafft
für Sinnlosigkeiten.

Verhöhnt
wurden wir.
Euer Geld,
unsere Kraft.

Wir haben gekämpft
für unseren Lohn.
Und alles was wir empfingen,
war Spott und Hohn.

Ihr habt
über uns gelacht.
Und dabei nicht nachgedacht.
Denn wer zuletzt lacht,
lacht am besten.

Und heute stehen wir hier.
Haben euch
zur Flucht gezwungen.
Sind in eure Burg gedrungen
und haben euch
die letzte Ehre genommen.

Machtspielchen

Gleich ausweichen.
Umkreis´ diese Leichen.
Schau Sie dir an.
Sie ziehen dich
in ihren Bann.

Traue ihnen
kein Stück.
Ziehe dich zurück.
An einen sicheren Ort.
Und zwar
SOFORT!

Sie werden lauern,
hinter allen Mauern.
Nimm dich in Acht,
denn Sie ergreifen
die Macht.

Sie sind bald am Ziel.
Taumeln langsam
und beenden dann ihr Schauspiel.

Zeigen ihr wahres Gesicht.
Tatsächlich,
es kommt alles ans Licht.

Gehen, laufen, rennen.
Bloß nicht den Moment verpennen.
Verlasse diese Stadt,
sonst wird es knapp.

Sichere dein Leben.
Andernfalls wirst du dich
dem Tode
hingeben
müssen.

Krieg

Die Straßen gefüllt
mit Asche und Särgen.
Die Stadt umhüllt
von Leichenbergen.

Die Hoffnung gestorben
mit allem was dran.
Den Tod wohl versorgen
von denen die gegangen.

Das Haus ist kaputt
denn die Bomben drauf gefallen.
Alles ist in Schutt
und die Gassen hallen.

Das Ausmaß ist plagend
denn es ist alles zerstört.
Die Menschen vielsagend
stumm empört.

Freiheit frei zu sein

Der Himmel ist blau, ich liege auf der grünen Wiese, die noch nach frisch gemähtem Gras riecht und genieße mein Leben. Ja, ich fühle mich frei. Dennoch bin ich es nicht. In einem System gefangen, welches einen nicht zulässt. Seiner Freiheit beraubt und ausgebeutet von denen, die es am wenigsten brauchen. So lebe ich. Also nicht wirklich, aber als Punk mit einem gewissen Drang nach Freiheit und Gerechtigkeit klingt das doch ziemlich nach Gefangenschaft und Zwang. Klar übertreibe ich, aber so lange ich nicht an der Macht bin, ist das auch vollkommen okay. Wahlversprechen und so. Also ich bin ja sowieso gegen eine Machtergreifung durch Einzelne. Aber man muss so tun, als hätte man ein Ziel. Ein großes Ziel. Denn wenn man den Wählern was unerreichbares verspricht, sind es bald ihre Wähler. Um Freiheit und eigene Meinung nicht einzuschränken, manipulieren wir nicht. Ich sage es mal so... Wir haben einfach die helleren Lampen.

Und dazu kommt noch, dass ich als Frau, als schon sehr emanzipierte Frau, frei bin. Ich meine, man muss ja Angst haben, dass die Gläubigen Muslime die Macht an sich reißen und wir dann anfangen müssen die Fasern von unseren Teppichen zu zählen, weil wir kein Ausländisch verstehen. Und wir als Frauen, werden dann wohl alle depressiv, weil wir kein Vitamin D mehr bekommen. Vollverschleierung. Versteht sich von selbst. Also um das mal klar auszudrücken, wenn ich von oben bis unten schwarz gekleidet bin, brauche ich nachts keine Angst zu haben. Man sieht mich doch eh nicht.

Freiheit

Eher Rahmen ohne Leben
oder alles spüren,
grenzenlos erleben?

Willst du schweben?
Soll dein Körper, voll Liebe, beben?
Deine Träume, so groß
und Freude pausenlos?

Oder doch in Ketten sitzen?
Nicht mehr
durch die Wälder flitzen,
keine Sonnenstrahlen mehr sehen
und dich nicht mehr
an meine Schulter lehnen?

Nun sage mir,
willst du noch ein Bier?
Damit wir darauf trinken können,
dass sie dir keine Freiheit
nicht gönnen.

Und bist du voll
mach bitte nicht so doll.
Leg dich nicht auf dein Maul,
denn sie brauchen noch einen Gaul,
den wir an den Pranger stellen können.

Danke an den Staat
für diese ausgezeichnet
wuchernde Saat
von Korruption.

Ein-Fluss/exitus

Drei große Übel gibt es dort
wo der Welt grüne Lunge lebt
Dort geschieht Massenmord
Von Brandrodung und Abholzung ist die Red

Die Luft wird geraubt
dort wo alles vor Erinnerungen staubt

Schon in der Steinzeit
wussten die Menschen genau
wollen Sie dort Ihren Kakao
geht das nicht ohne Leid
So entstand eine schreckliche Tradition
die den Pflanzen raubt ihre Guttation*

Trocken wird die Luft
begleitet vom süßen Duft
des Todes

Kleine Fläche große Nebenwirkung
Das Land nicht lange nutzbar
so wird er rar
und verliert seine Deckung
Der gute Humus zerstört
doch die Welt ist nicht lange empört

Die Luft so heiß
dass ich mich kaum durchbeiß`

Fallende Bäume
entfesseln das CO2
Es macht uns high
zerstört Ihre Träume
Und die grüne Lunge in Gefahr
erlebt Sie vielleicht nicht das nächste Frühjahr

Der Hals schwillt zu
Das Ende kommt bald und ich zur Ruh

Der Qualm steigt empor
versperrt die Sicht
gleicht einem Vulkan der ausbricht
Hierfür fehlt mir der Humor
Die Tränen fließen und fliegen
wo bleibt nur der Weltfrieden

Ich weiß es ist soweit
und so sterbe ich voller Leid

*Guttation der Vorgang der Abgabe von H_2O in
flüssiger Form bei Pflanzen. Dies ist eine Anpassung,
die viel bei hoher Luftfeuchtigkeit beobachtet wird.

Der Nazi

Blaue Augen
Blondes Haar
Das sind ihre Träume,
wohl war.

Groß geboren,
breit gebaut.
Rufen sie dummes Zeug,
ziemlich laut.

Man kennt sie hier
Man kennt sie dort
Wo ist wohl der schönste Ort?

Die Nazihölle ist doch klar.
Die ist einfach wunderbar.

Die Nation ist toll
und die sind voll.
Voll schwul.

Also inoffiziell.
Aber tendenziell.
Die haben was gegen 'homosexuell'. Lieben aber ihre
Kameraden ~ Schweine.

Hitler ist wow
Die Antifa ist doof
& Afrikaner essen Deutsche Kartoffeln.

4. Zweige der freien Denkungsart
-Philosophie

Traumgeflüster

Es ist still,
so still.
Alles ist so winzig,
winzig klein.

So muss es sein,
sein zu fliegen.
Frei von Sorgen,
wenigstens bis Morgen
will ich fliegen.

Ich bin stark,
so stark.
Ich kann alles,
alles schaffen.

Wenigstens bis Morgen
frei sein
mich umsorgen
nicht zu fein sein.

Ich bin nicht alleine,
alleine zu Haus.
Ich werde nicht ertrinken
nicht zu tief sinken.

Ich bin frei,
immer noch frei.
Schwebe,
lebe.

Und ich hab die Macht,
denn ich
bin noch nicht aufgewacht.

Sinnlosigkeiten

Hell dunkel
hell grau
dunkel weiß

Lerne fliege
lerne fallen
probiere zu springen
& lerne zu gehen

Leise laut
leiser Presslufthammer
lauter Nebel

Rede mit vollem Mund
rede über Gefühle
spreche fremde Sprachen
& rede schwachsinniges Zeug

Kalt warm
Kaltes Feuer
Warmer Kühlschrank

Weine einsam alleine
weine überglücklich
heule Wasserfälle in die volle Badewanne
&weine rote Augen weiß

Hart weich
Harte Zuckerwatte
Weicher Stein

Morgen

rotes Gesicht
viel zu helles Licht
erster Kuss
los zum Bus

Augenringe
und viele weitere
kuriose Dinge

Kaffee verschüttet
Gnade wird erbittet
diese erhalten
meine Wörter lallten

Muss doch schlafen
wollt ihr mich denn alle
strafen?
Ich denke schon

Der Lippenstift verschmiert
Augenbraue imperfekt
mein Herz fiebert

Dieser Morgen
wunderschönes Objekt
für meine
schreckliche Sammlung

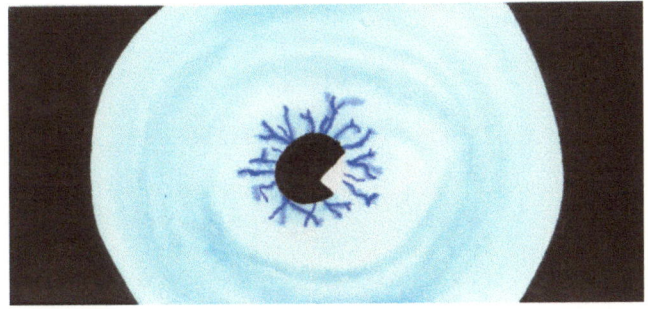

Keine Zeit

Zu traurig.
Ich muss mit ansehen,
wie die Sonne langsam verschwindet
und alle schönen Farben
allmählich verblassen.

Es ist zu spät.
Die grauen Wolken
ziehen an mir vorbei.
Lassen alles so
trostlos aussehen.

Schwarz weiß dunkelgrau
sind nun die Farben
meines Lebens.

Ich habe verloren,
alles verloren.
An diesem
wunderschönen Tag.

Es ist keine Zeit
mehr übrig.
Alles vorbei.

Herr im Himmel

Über dir
türmt sich das Wolkenmeer
zu einem riesigen Himmelsheer

Neben dir
rennt das Rosenfeld
in die weite Welt

Unter dir
trennt sich der Boden
von den Toten

In dir
sprengt dein Kopf
den Knopf
der alles zusammenhält

Hinter dir
taumeln Leichen
ohne Lebenszeichen
die aus dem Boden
empor gekrochen sind

Um dich herum
zerbricht die Welt
auf der dich nichts mehr hält
und du nicht überleben kannst

Danke dir
lieber Gott
für diese Tat
mit dem Ziel mich auf den richtigen Pfad
zu bringen
Leider zu spät
mein lieber Herr
Buße wird getan
wenn ich in der Hölle schmor`

Fesseln des Lebens

krankhaft still
Nebel liegt über dem Weg
der mich führen soll
So schön still
Sonne durchdringt das dunkle grau
welches mich blockiert

krankhaft laut
Der Bass führt mein Herz
bis es nicht mehr schlägt
So schön laut
Der Tod kommt ohne Ton
mich zu holen

Heim-su-chung
Ich bin gefangen,
in Stahl und Ketten.
Muss um mein Leben bangen
in nächtlicher Stille und ungemütlichen Betten.

Bis es zu Ende ist
werde ich warten
still liegen
nichts sagen

Die Frage der Existenz

Still und sanft liegen die weißen flauschigen Wolken
auf dem hellblauen Himmel. Und ich?
Ich liege auf der grünen Wiese, geschmückt von
Gänseblümchen und Tulpen, die noch so schön nach
frisch gemähtem Gras riecht. Die Menschen zwitschern,
die Vögel singen und alles ist so schön unscheinbar.
Die Welt dreht sich wie gewohnt und alles nimmt
seinen natürlichen Lauf. Doch wie ich da so liege,
kommt mir die Frage auf: Wie können wir existieren,
wenn uns nichts bzw. niemand geschaffen hat? Ist der
Urknall die unantastbare Wirklichkeit oder gibt es
einen Schöpfer, der uns mit den Händen schützt, die
uns geschaffen haben?
Gehen wir mal vom Schöpferprinzip aus…

1. Die Welt geschaffen,
    bunt und groß.
    Wo sind nur die Bewohner bloß?
    Der Herr im Himmel,
    er wird sie schaffen.
    Nur einen Moment Geduld,
    bitte!

2. Land und Meere
    kommen zuerst.
    Bevor du uns
    auf der neuen Welt ablieferst.
    Berge und Täler hier
    und noch ein paar Tierchen
    überall.

3. Ein Köpfchen wohl geformt.
    Für die einzelnen Regionen
    sicher genormt.
    Innere Organe, ein großes Herz.
    Arme da und Beine dort,
    finden wir einen schönen Ort,
    für das kleine Menschlein.

4. Eine Prise Menschlichkeit
    und reichlich Verstand,
    der euch leit`.
    Toleranz und Vielfältigkeit.
    Ein Christ hier,
    ein Jude dort.
    Multikulturell, kein Streit
    und lauft bloß nicht fort.

5. Liebe und Fürsorge soll euch führen
   und der Bibel dem Koran sollt ihr
   reinsten Respekt gebühren.
   Sie sind euer Regelwerk
   und zeigen euch den Weg.
   Und kommt ihr mal nicht
   über`n Berg…
   So fragt um Rat.

6. Doch Gott spielt sein Spiel
   nicht alleine.
   Der Teufel
   sät seine Keime
   auch auf Gottes schöner Welt.

7. Niemand da,
   der den Teufel hält.
   So konnte das Böse sprießen.
   Intoleranz und Homophobie,
   Hass und falsche Hysterie
   gehören nun auch
   zur neuen Welt.

Und jetzt reden wir mal über die scheinbar
Unantastbare Theorie des Urknalls…

1. Raum so unendlich
   heiß und klein.
   Das Universum so rein.
   Mit dem Bewusstsein,
   dass komprimierte Energie
   explodierte,
   dehnte sich das Universum
   in Sekunden aus.

2. In unendlicher Geschwindigkeit verzehrte
   es das Bild,
   was man vorher kannte.

3. Aus heiß
   wurde kalt.
   Und bei 2700 Grad Celsius
   entstand
   Wasserstoff
   Lithium
   Helium.

4. Nach 200 Millionen Jahren
   begannen Sterne zu leuchten.
   Durch die Bildung erster Gaswolken
   fing man an sie zu beachten.

5. Unser Sonnensystem…
   Schon erstaunliche 4,6
   Milliarden Jahre alt.
   Und unterbreitet sich noch
   in seiner ganzen Vielfalt.

6. Und auch heute noch
   wächst es,
   wesentlich langsamer
   aber messbar
   entgegen allen Klischees.

7. Bloße Spekulationen,
   wann das ein Ende nimmt.
   So wie bei einem schreienden Kind.

Welche Theorie ist jetzt die Wirklichkeit? Hängt im
Grunde davon ab, ob du Atheist oder gläubig bist.
Aber jeder hat seinen eigenen Verstand, um sich
reichlich Gedanken zu machen.
Wie ich hier so liege, merke ich, dass die Sonne
bereits untergegangen ist und wir uns weiter gedreht
haben. Also tut es nicht nur global, sondern auch
lokal und hört auf Kant, wenn er sagt „Habe den Mut
dich deines eigenen Verstandes zu bedienen!"

Über mich

Ich wurde im Jahr 2000 in Sömmerda geboren, bin dort zur Schule gegangen und habe meinen Realschulabschluss gemacht.
Seit 2018 sitze ich im Kreisvorstand von DIE LINKE. Sömmerda und habe auch in meinem weiterem Leben vor Politik zu machen. Für mich, meine Familie und alle die, die es verdient haben mehr aus ihrem Leben zu machen.
Deswegen habe ich auch im November 2019 eine linke Jugendgruppe Namens „left rebellion" gegründet.
Außerdem bin ich Mama von einem wundervollen Sohn.